Klick! 5

Geschichte
Erdkunde
Politik

D1718447

Arbeitsheft

Bearbeitet von
Christine Fink
Dr. Oliver Fink
Wolfgang Humann
und Judith Schmischke

Cornelsen

Inhaltsverzeichnis

Unsere Klasse, unsere Schule

Hallo, willkommen an unserer Traumschule:

1 Wir haben nur nette Lehrerinnen und Lehrer.
2 Sie haben Zeit für uns.
3 Der Unterricht macht großen Spaß.
4 Alle Schülerinnen und Schüler verstehen sich gut.
5 In jeder Klasse gibt es Computer für alle.
6 Es gibt viele Arbeitsgemeinschaften.
7 Wir arbeiten zum Beispiel an der Schülerzeitung
8 und haben eine Hiphop-AG.
9 Zu unserer Schule gehören ein Ponyhof und
10 ein großes Schwimmbad.
11 Wir können mitbestimmen, was wir in
12 den Pausen machen.
13 An unserer Schule können ältere Schülerinnen und Schüler den
14 Mofa-Führerschein machen.

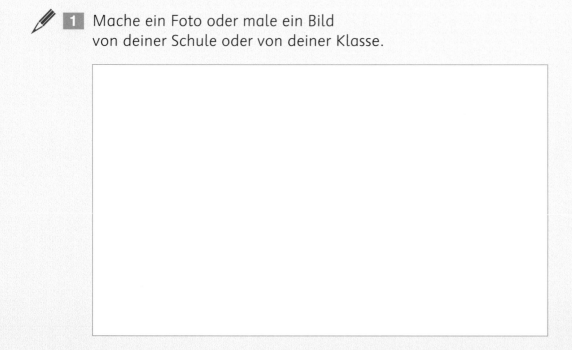

1 Mache ein Foto oder male ein Bild
von deiner Schule oder von deiner Klasse.

2 Was könnte an deiner Schule schöner sein? Ändere das auf
deinem Bild.

1 Was ist an deiner Schule wie in der Traumschule?

_____

_____

_____

2 Was ist anders als in der Traumschule?

_____

_____

_____

3 Was wünschst du dir in deiner Schule?

_____

_____

_____

4 Wer ist deine Lieblingslehrerin oder dein Lieblingslehrer?
Mache ein Foto oder male ein Bild und schreibe den Namen auf

_____.

Regeln vereinbaren

1 Beschreibe die beiden Bilder.
In welche Klasse möchtest du lieber gehen? ☑ oben ☐ unten

2 Begründe, warum es dir in der Klasse auf dem Bild gefällt.

In der Klasse gefällt es mir, weil *(Beispiele:)*

- *Kinder arbeiten zusammen*

- *Lehrerin hilft den Kindern*

- *Sofa/Leseecke*

- *Blumen am Fenster*

- *...*

📖 Klassenregeln in unserer Traumklasse

1 Natürlich haben wir uns in unserer Traumklasse
2 früher auch gestritten.
3 Dann haben wir Regeln eingeführt.
4 Diese Regeln haben wir gemeinsam überlegt.
5 Und wir haben überlegt, was passiert,
6 wenn jemand die Regeln nicht einhält.

✏️ **3** Vielleicht habt Ihr in Eurer Klasse ganz andere Regeln. Überlege, welche Regeln ihr braucht, damit es Dir in der Klasse gut geht. Schreibe die Regeln auf.

Regel 1: *– einander zuhören, ausreden lassen*

Regel 2: *– nicht streiten, schlagen, beleidigen*

Regel 3: *– nichts klauen, wegnehmen*

Regel 4: *– sich gegenseitig helfen*

💬 **4** Was wäre anders, wenn alle deine Regeln einhalten würden? Sprecht darüber in der Klasse.

In einer neuen Klasse

**In einer neuen Klasse kommen viele Jungen und Mädchen zusammen.
Einige kennst du vielleicht schon, einige musst du erst kennen lernen.**

1 In meiner neuen Klasse sind ☐ Mädchen und ☐ Jungen.

2 Stellt Euch mit Namen vor und schreibt dabei
die Namen an die Tafel.

3 Nun könnt ihr die Namen ins Heft schreiben.
Die Mädchen und Jungen heißen:

Du kannst ein Interview* führen, um die Mädchen oder Jungen aus deiner Klasse besser kennenzulernen.

* Ein Interview ist ein Gespräch mit einer Person, für das zuvor Fragen festgelegt worden sind.
Es kann schriftlich oder als Tonaufnahme oder Videoaufnahme festgehalten werden.

4 Führe ein Interview mit einem Mädchen oder Jungen aus deiner Klasse. Schreibe die Antworten auf.

Name: _____

Geburtsdatum: _____

Lieblingsfach in der Schule: _____

Lieblingssport: _____

Hobbys: _____

Lieblingsmusik: _____

Lieblingsband: _____

Lieblingsbuch: _____

Lieblingszeitschrift: _____

Lieblingsfilm: _____

Lieblingsschauspieler(in): _____

Lieblingsessen: _____

Wer ist dein bester Freund/deine beste Freundin?

_____

Was wünscht du Dir für heute?

_____

Freunde finden

1 Fülle den Fragebogen aus.

Sammelst du etwas? Was? _____	Magst du Musik? Welche? _____
Hast du Geschwister? Wie viele? _____	Magst du eine Sportart? Welche? _____
Gehörst du einer Religion an? Welcher? _____	Hast du schon in einer anderen Stadt gelebt? Wo? _____
Hast du einen Spitznamen? Welchen? _____	Warst du in den Ferien im Urlaub? Wo? _____
Hast du Hobbys? Welche? _____	Liest du eine Zeitschrift? Welche? _____
Hast du ein Lieblingsgericht? Welches? _____	Kannst du das „R" rollen? _____
Hast du Ohrlöcher? Wie viele? _____	Hast du ein Lieblingsspiel? Wie heißt es? _____
Kannst du auf den Fingern pfeifen? Eine Melodie? _____	Hast du ein Haustier? Welches? _____

 2 Lest den Fragebogen in der Klasse vor.
Finde heraus, wer die gleichen Interessen hat wie du.

Sicher möchtest du mit einem Mädchen oder Jungen aus deiner Klasse Freundschaft schließen. Du kannst ihm einen Freundschaftsbrief schreiben. Der Schreibprofi hilft dir dabei.

 ☐3☐ **Vor dem Schreiben**   → Schreibprofi S. 73

Ich überlege:

    a) **Für wen** will ich schreiben?

    b) **Was** will ich schreiben?
        – Will ich der Person etwas über mich schreiben?
        – Was möchte ich noch über die Person erfahren?
        – Was wünsche ich der Person?

Hier kannst du etwas malen oder ein Bild einkleben!	**Freundschaftsbrief**
	Dieser Brief ist für:
	Dieser Brief ist von:

📖 Einfach mal aufräumen

1 In unserer Traumklasse sieht es wirklich schön aus!
2 Zu Beginn des Schuljahres haben wir unsere Klasse erst einmal
3 ordentlich geputzt:
4 Alle Schränke wurden ausgeräumt und ausgewischt.

5 Die Bücher wurden wieder ordentlich in die Regale gestellt.
6 Auch alles andere haben wir sortiert und aufgeräumt.
7 Und unser Computer wurde komplett abgestaubt.
8 Jeder von uns hat eine Pflanze mitgebracht und auf die
9 Fensterbank gestellt.

10 Und natürlich hat jeder seinen eigenen Tisch
11 geputzt und sein Fach entrümpelt.
12 Da kam eine Menge Müll zusammen!
13 Schließlich waren wir fertig.

💬 **1** Lies den Text. Was haben die Kinder getan?   ➜ Textknacker S. 72

💬 **2** Überlegt, ob ihr eure Klasse auch aufräumen wollt.
Wer übernimmt welche Aufgabe?

Wir gestalten ein gemeinsames Klassenbild

Unsere Wände sind zu Beginn des Schuljahres noch ziemlich leer.
Deshalb gestalten wir ein gemeinsames Klassenbild.
So zeigen wir auch, dass wir alle zusammengehören!
Habt Ihr auch Lust auf so ein buntes Klassenbild?

So geht's:

1. Lege deinen Zeichenblock im Hochformat vor dich.

2. Zeichne mit Bleistift den Anfangsbuchstaben Deines Namens so groß wie möglich auf das Blatt.

3. Nimm nun Deinen Wasserfarbkasten und wähle eine schöne bunte Farbe. Male den Buchstaben ganz dick nach.

4. Wähle nun eine andere Farbe. Male den Rest des Blattes damit aus.

5. Lege das Blatt zum Trocknen zur Seite.

6. Zeichne auf ein neues Blatt mit Bleistift den Anfangsbuchstaben Deines Nachnamens so groß wie möglich auf das Blatt.

7. Male den Buchstaben und die Umgebung genauso wie zuvor bunt. Du darfst andere Farben verwenden.

8. Wenn alle Bilder getrocknet sind, werden sie durcheinander zu einem gemeinsamen Bild gelegt und zusammen geklebt. Anschließend wird das große Wandbild aufgehängt.

Das kann ich!

✎ **1** Kreuze an.

Wenn wir wollen, dass es allen in der Klasse gut geht ...	dieser Meinung	
	stimme ich zu	stimme ich nicht zu
... sind Regeln wichtig.	✓	☐
... darf jeder tun, was er gerade will.	☐	X
... lassen wir andere ausreden.	X	☐
... hören wir einander zu.	X	☐
... nehmen wir einander ernst.	X	☐
... haben wir keinen Respekt voreinander.	☐	X
... nehmen wir uns, was wir wollen.	☐	X
... nehmen wir einander nichts weg.	X	☐
... haue ich, wenn mich einer ärgert.	☐	X
... sind wir möglichst freundlich zueinander.	X	☐

✎ **2** Putztag in der Traumklasse!
Was haben die Schülerinnen und Schüler der Traumschule alles gemacht?
Fülle das passende Wort aus der Klammer in die Lücke.

„Zu Beginn des Schuljahres haben wir unsere Klasse ordentlich *geputzt*.
(geputzt/verschmutzt)

Alle Schränke wurden *ausgeräumt*
(auseinander genommen/ausgeräumt)

und *ausgewischt*. Die Bücher wurden wieder ordentlich in
(ausgewischt/abgebaut)

die Regale *gestellt*. Auch alles andere haben wir *sortiert*
(gestellt/gelegt)   (weggeworfen/sortiert)

und *aufgeräumt*.
(aufgeräumt/aufgemalt)

Und unser Computer wurde komplett _abgestaubt_____.
(angemalt/abgestaubt)

Jeder von uns hat eine Pflanze _mitgebracht_____ und
(mitgebracht/mitgenommen)

auf die Fensterbank _gestellt_____. Und natürlich
(geworfen/gestellt)

hat jeder seinen eigenen Tisch _geputzt_____ und sein
(beschmutzt/geputzt)

Fach _entrümpelt_____. Da kam eine Menge
(entrüstet/entrümpelt)

Müll zusammen! Schließlich waren wir _fertig_____."
(fettig/fertig)

3 Suchsel

Du kannst die folgenden Wörter im Buchstabenraster finden und einkreisen. Ihr könnt auch gemeinsam suchen.

Streiche sie hier durch, wenn Du sie gefunden hast:

COMPUTER – FREUNDSCHAFT – KLASSE – LEHRER – PAUSE –
ORDNUNG – PUTZEN – REGELN – SCHULE – TRAUMSCHULE –
UNTERRICHT – ZUSAMMEN

S	C	H	U	L	E	Y	A	C	A	Y	A	K	A	A
P	A	Q	A	Y	A	E	F	O	K	C	A	L	S	R
O	U	N	T	E	R	R	I	C	H	T	D	A	D	F
R	F	O	X	Q	V	C	O	M	P	U	T	E	R	Z
A	L	E	H	R	E	R	L	O	R	D	N	U	N	G
V	J	G	K	R	L	P	H	T	T	L	K	E	J	I
E	M	S	P	E	R	E	G	E	L	N	R	E	R	K
R	L	Y	U	T	S	F	I	R	D	Ä	U	K	L	L
P	U	T	Z	E	N	T	D	A	Ä	A	O	A	O	A
I	T	F	R	E	U	N	D	S	C	H	A	F	T	D
N	T	Ä	A	L	A	A	A	V	U	G	T	S	U	T
A	Ö	O	Z	U	S	A	M	M	E	N	H	E	E	G
G	K	P	J	C	H	F	N	B	I	P	A	U	S	E
L	Z	E	K	T	R	A	U	M	S	C	H	U	L	E
K	L	A	S	S	E	L	L	O	X	T	D	Ö	E	R

Wir finden uns zurecht

Wo geht's hier lang?

Die Menschen auf diesen Bildern haben alle etwas vor.
Sie wollen zu einem bestimmten Ort.
Aber sie wissen noch nicht, welchen Weg sie nehmen müssen.
Sie müssen sich erst zurechtfinden.

1 Überlegt: Was kann ihnen dabei helfen?

💬 **2** Pläne oder Karten gibt es an vielen Orten.
Wo habt ihr schon einmal welche gesehen? Erzählt davon.

💬 **3** Vielleicht hat euch ein Plan oder eine Karte schon einmal
geholfen. Könnt ihr euch daran erinnern?

✏️ **4** Welche Pläne können hier weiterhelfen?
Schaue dir die Bilder unten an und setze das richtige Wort ein:

Wenn man sich in einer Stadt nicht gut auskennt,

hilft ein _Stadtplan_.

Wenn man beim Wandern in den Bergen den Weg nicht kennt,

hilft eine _Wanderkarte_.

Wenn man in einem großen Gebäude, wie zum Beispiel in einem

Krankenhaus nach dem Weg sucht, hilft ein _Gebäudeplan_.

Wenn man auf der Autobahn unterwegs ist und nicht weiß, welche

Abfahrt man nehmen soll, hilft ein _Straßenatlas_.

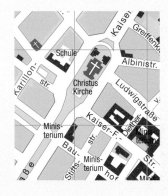   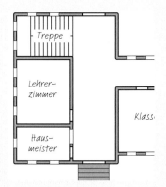

Stadplan   _Straßenkarte_   _Wanderkarte_   _Gebäudeplan_

Zurechtfinden in Räumen – Grundrisse

 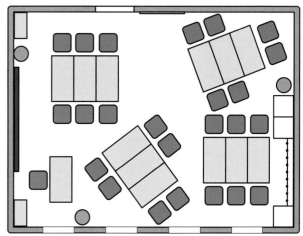

 1 Betrachtet die beiden Bilder. Beschreibt den Unterschied.

Beide Bilder zeigen denselben Klassenraum.
Das linke Bild ist ein Foto.
Du siehst alle Personen und Gegenstände von schräg vorne.

Das rechte Bild ist ein Grundriss.
Du siehst von oben nur die Gegenstände, die einen festen Platz
haben. Weil man hierbei alles sieht wie ein Vogel, nennt man dies
auch „Vogelperspektive".
Grundrisse, Karten und Pläne werden immer von oben – aus der
Vogelperspektive – gezeichnet.

 2 Zeichnet gemeinsam auf Plakatpapier einen Grundriss von
eurem Klassenraum.

- Legt zunächst Probezeichnungen an.

- Beginnt mit den Umrissen des Raums mit Fenster und Tür.

- Fügt dann Schränke, Regale und Tafeln ein.

- Fügt dann die Tische und Stühle hinzu.

- Messt Länge und Breite des Klassenraums mit dem Tafellineal
  ab.

- Messt auch Möbel ab.

- Übertragt den Grundriss so auf Plakatpapier, dass 1 Meter im
  Raum 10 Zentimeter auf dem Plakat ergeben.

Zurechtfinden in Räumen – Grundrisse

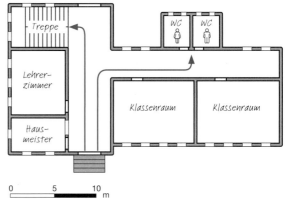

💬 **3** Betrachtet die beiden Bilder oben. Beschreibt den Unterschied.

Beide Bilder zeigen dasselbe Gebäude, eine Schule.
Das linke Bild ist ein Foto.
Du siehst alle Personen und die Umgebung von schräg vorne

Das rechte Bild ist ein Grundriss.
Du siehst die Räume im Erdgeschoss aus der Vogelperspektive von oben – so, als ob die oberen Etagen fehlen.

💬 **4** Erkläre, wo auf den Bildern die Eingangstür ist.

✏️ **5** Zeichne auf dem rechten Bild den Weg von der Eingangstür zum Treppenhaus und zu den Toiletten ein.

✏️ **6** Entwerft gemeinsam auf Plakatpapier einen Grundriss eurer Schule.

- Legt zunächst Probezeichnungen an.

- Beginnt mit den Umrissen des Gebäudes.

- Fügt dann Gänge und Treppenhaus ein.

- Fügt dann die einzelnen Räume hinzu (Klassenräume, Toiletten).

- Wenn ihr bei Teilen des Gebäudes nicht genau wisst, wie sie aufgebaut sind, müsst ihr euch dort noch einmal umsehen.

- Wenn eure Schule sehr groß ist, könnt ihr auch nur den Teil zeichnen, in dem eure Unterrichtsräume sind.

- Übertragt den Grundriss erst dann auf Plakatpapier, wenn die Skizzen fertig sind.

Vom Bild zum Plan

Eine Schule in Bild und Plan

Diese beiden Seiten zeigen noch einmal die Schule,
die du von der vorigen Seite kennst.
Das erste Bild ist Foto.
Das zweite Bild ist aus einem Flugzeug heraus fotografiert.
Es zeigt die Schule von schräg oben.
Ein solches Foto heißt auch Schrägluftbild.

1 Beschreibe, was du auf Bild 1 erkennst.

2 Beschreibe, was du auf Bild 2 erkennst.

3 Vergleiche, was du auf Bild 2 besser oder schlechter erkennst.

 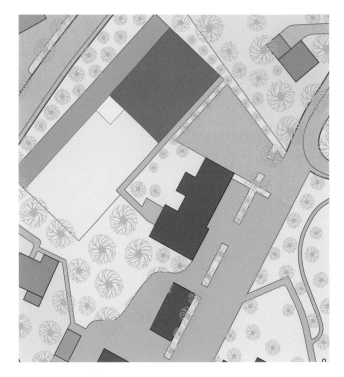

**Das dritte Bild ist auch aus einem Flugzeug heraus fotografiert.
Es zeigt die Schule aus der Vogelperspektive senkrecht von oben.
Ein solches Foto heißt auch Senkrechtluftbild.**

4 Beschreibe, was du auf Bild 3 erkennst.

5 Vergleiche, was du auf Bild 3 besser oder schlechter als auf
Bild 2 erkennst.

**Das vierte Bild ist kein Foto, sondern ein Plan.
Man sieht aus der Vogelperspektive nur noch den Umriss von
Gebäuden.
Die Flächen haben verschiedene Farben.
Für bestimmte Dinge gibt es leicht erkennbare Zeichen.
Sie heißen Symbole*.**

* Symbol = Zeichen mit einer festgelegten Bedeutung

6 Erkläre, was die Farben der Flächen bedeuten könnten.
Schau dir dazu noch einmal das dritte Bild an.

7 Findest du auf dem Plan ein bestimmtes Symbol?
Was bedeutet es?

Mit Stadtplänen arbeiten

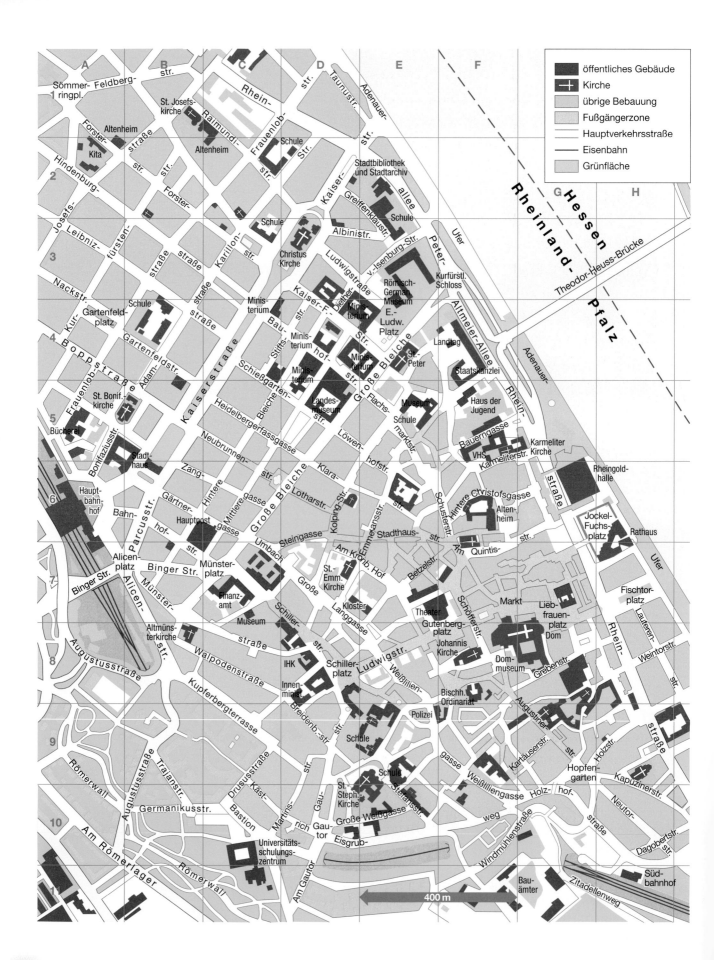

1 Vanessa und Mario besuchen ihre Oma.

2 Die Oma wohnt in einem Altenheim in Mainz.

3 Auf dem Platz vor dem Hauptbahnhof sagt Mario:

4 „Ich war noch nie in Mainz. Wie sollen wir nur den Weg finden?"

5 Vanessa antwortet: „Ich habe einen Stadtplan mitgebracht.

6 Die Oma lebt im Altenheim in der Raimundistraße.

7 Schau mal, die Kästen auf dem Plan haben am oberen und am

8 linken Rand Buchstaben und Zahlen.

9 Das Altenheim liegt im Kästchen C1."

10 „Na Prima," sagt Mario, „aber wo sind wir denn eigentlich?"

1 Du kannst Mario und Vanessa helfen, den Weg zu finden.
Trage die richtigen Lösungen aus den Klammern in den
Lückentext ein.
Schau dazu im Plan auf der linken Seite nach.

Der Hauptbahnhof liegt im Kästchen _A6_ (A6/H5).

Vanessa zeigt auf den Plan:

„Sieh mal, die Kaiserstraße führt zu einer großen Kirche.

Die Kirche heißt _Christuskirche_ (Altmünsterkirche/Christuskirche).

Sie liegt im Kästchen _D3_ (D3/B8).

Dort können wir in die Raimundistraße nach *(links/rechts)* _links_ abbiegen.

Das Altenheim steht auf der *(linken/rechten)* _linken_ Straßenseite.

Der Plan zeigt auch, wie weit es vom Hauptbahnhof zum Altenheim ist.
Unten ist ein blauer Pfeil. Man nennt ihn auch Maßstab.
Er sagt uns: Zwei Kästchen auf dem Plan sind 400 Meter in der Wirklichkeit.

2 Stelle fest, wie weit es vom Hauptbahnhof zum Altenheim ist.
Wieviele Kästchen sind es in kürzester Linie?
Wieviel Meter sind das in Wirklichkeit?

Es sind _5_ Kästchen. Es sind _1000_ Meter.

Der Schulweg

1 Erzähle, auf welchem Weg du zur Schule kommst.
Wie lange musst du laufen oder fahren?
Was gibt es interessantes zu sehen?
An welchen Stellen ist der Verkehr gefährlich?

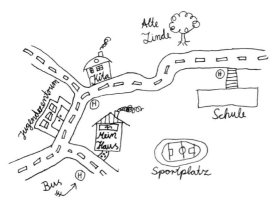

**Das ist ein Plan, den Vanessa aus der 5b gezeichnet hat.
Er zeigt ihren Schulweg.**

2 Zeichne unten eine Skizze von deinem Schulweg.
Wenn du mit dem Bus fährst, kannst du auch nur den Weg zur
Haltestelle aufzeichnen.

Ein Umgebungsmodell bauen

 3 Baut ein eigenes Modell mit der Umgebung der Schule.
Ihr könnt den Plan gemeinsam bauen oder jeder seinen eigenen.

Hier seht ihr einige Beispielbilder.

Ihr braucht:

- Einen Stadtplan als Vorlage

- Eine große Platte (aus Holz oder Kunststoff)

- Farbe

- Fügt dann die einzelnen Räume hinzu (Klassenräume, Toiletten).

- Modellrasen

- Verschiedene Pappschachteln für die Gebäude

- Fotos oder gemalte Bilder von den Gebäuden

Das kann ich!

 1 Ordne den Bildern die richtige Bezeichnung aus der Wortliste zu.

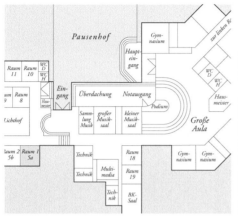 

→ Gebäudeplan
Schrägluftbild
Senkrechtluftbild
Stadtplan
Straßenkarte
Wanderkarte

Gebäudeplan _____   *Wanderkarte* _____

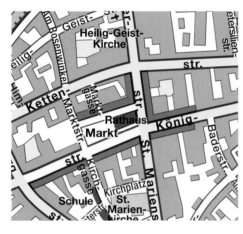 

Stadtplan _____   *Straßenkarte* _____

Schrägluftbild _____   *Senkrechtluftbild* _____

2 Trage die passenden Wörter aus der Wortliste in die Lücken ein.

Karten und Pläne stellen die Gegenstände so dar, wie man sie

von oben aus sehen könnte, aus der _Vogelperspektive_ .

In Karten werden wichtige Dinge durch besondere Zeichen

dargestellt, die so genannten _Symbole_ .

Wenn ich verstehen möchte, was die verschiedenen Farben und

Symbole in einer Karte bedeuten, finde ich die Erklärung in

der _Legende_ .

Wenn ich feststellen möchte, wie groß die Entfernung

zwischen zwei Stellen aus der Karte ist, dann hilft mir dabei

der _Maßstab_ .

→ Vogelperspektive
Symbol
Maßstab
Legende

Was ist das denn?

1 Außer Stadtplänen, Wanderkarten oder Straßenkarten
2 gibt es noch viele verschiedene Arten von Karten und Plänen.
3 Ein Beispiel zeigt das Bild.
4 Findest du heraus, was darauf zu sehen ist?
5 Ein kleiner Tipp:
6 Solche Pläne gibt es in fast allen Städten.
7 Sie helfen dir, bequem durch die Stadt zu kommen.
8 Allerdings darf man dabei das Bezahlen nicht vergessen…

Das Bild zeigt _einen Nahverkehrs-Netzplan_ .

Wenn du es herausgefunden hast, kannst du vielleicht
einen solchen Plan von deiner Stadt besorgen.

Auf den Spuren der Geschichte

Jeder hat schon einmal etwas von Geschichte gehört. In Geschichte beschäftigen wir uns mit der Vergangenheit.
Was war früher?
Wie haben die Menschen früher gelebt?

1 Erzählt, was ihr von der Geschichte schon wisst.
Die Bilder helfen euch dabei.

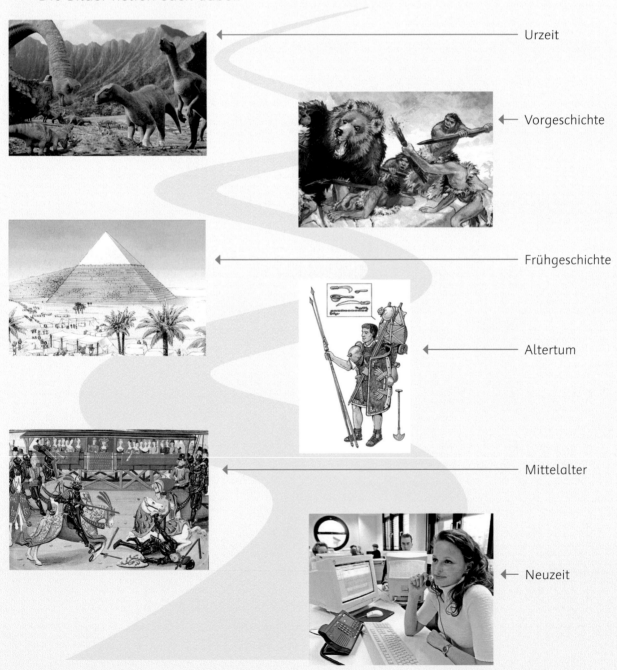

Urzeit

Vorgeschichte

Frühgeschichte

Altertum

Mittelalter

Neuzeit

📖✏️ **2** Lies den Lückentext und setze die Wörter rechts ein.

Was ist Geschichte?

Vor langer Zeit in der _Urzeit_   lebten   ➡️ Altertum

die Dinosaurier.   Mittelalter

Viel später entstanden die ersten Menschen.   Urzeit

Diese Zeit nennen wir _Vorgeschichte_ .   Neuzeit

In der _Frühgeschichte_   wurden die Pyramiden   Frühgeschichte

in Ägypten gebaut.   Vorgeschichte

Die Zeit der Griechen und Römer nennen wir _Altertum_ .

Noch später lebten die Ritter. Das war das _Mittelalter_ .

Und auch unsere Zeit hat einen Namen.

Es ist die _Neuzeit_ .

✏️ **3** Ordne die Wörter von rechts zu.

Urzeit: _Dinosaurier_   ➡️ Der heutige Mensch

Vorgeschichte: _erste Menschen_   Ritter

Frühgeschichte: _Pyramide_   Römer

Altertum: _Römer_   Pyramiden

Mittelalter: _Ritter_   erste Menschen

Neuzeit: _der heutige Mensch_   Dinosaurier

Geschichte in der Familie entdecken

📖 Jeder von uns hat eine Familiengeschichte

1 Das ist Joana mit ihrer Familie.

2 Sie ist 11 Jahre alt und geht wie ihr in die 5. Klasse.

3 Auch sie und ihre Familie haben eine Geschichte:

4 Rechts steht ihr Bruder Jaron. Er ist 9 Jahre alt.

5 Ihre Schwester Lenja ist auf Omas Arm. Sie ist 6 Jahre alt.

6 Joanas Vater ist 37 Jahre alt.

7 Ihre Mutter ist 35 Jahre alt.

8 Dann könnt ihr noch Joana Großeltern erkennen.

9 Ihr Opa ist 73 Jahre alt. Ihre Oma ist 65 Jahre alt.

10 Dies ist ein sehr altes Foto.

11 Auf dem Bild seht ihr Joanas Urgroßvater.

12 Er ist vor ein paar Jahren gestorben.

13 Wenn er noch leben würde, wäre er 96 Jahre alt.

Zeitleiste

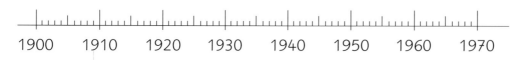

1900   1910   1920   1930   1940   1950   1960   1970

1 Rechnet aus, wann Joana und die Mitglieder ihrer Familie geboren wurden:

Joana: *1996*

Ihr Bruder Jaron: *1998*

Ihre Schwester Lenja: *2001*

Ihre Mutter: *1972*

Ihr Vater: *1970*

Ihre Oma: *1942*

Ihr Opa: *1934*

Ihr Urgroßvater: *1911*

2 Frage zu Hause nach, wann eure Familienmitglieder geboren wurden.

Mein Geburtsjahr: _____

Meine Geschwister (Name und Geburtsjahr): _____

Meine Mutter:_____   Mein Vater: _____

Meine Oma:_____   Mein Opa: _____

3 Ziehe bei den Geburtsjahren deiner Familienmitglieder einen Strich nach unten.
Schreibe die Namen unten in die Zeitleiste.

Zeitleiste

| 1970 | 1980 | 1990 | 2000 | 2010 |

Einen Geschichtsfries herstellen

Auf einem Geschichtsfries wie unten könnt ihr viel sehen:
Wann lebten die Steinzeitmenschen?
Wann wurden die Pyramiden gebaut?
Wann gab es Ritter?
Ihr braucht dazu eine Tapetenrolle (etwas über 12 Meter), einen
dicken Stift und ein Maßband oder ein Tafellineal.

Schritt 1:
Rollt die Tapetenrolle auf dem Boden aus.

Schritt 2:
Macht ganz rechts einen senkrechten Strich. Schreibt darüber
„2000". Zwei Meter davor zeichnet ihr noch einen Strich und
schreibt darüber „1000".

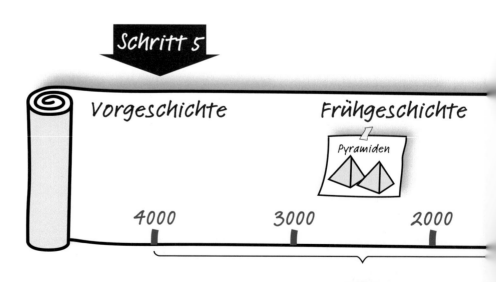

Schritt 3:

Noch zwei Meter davor kommt der nächste Strich. Darüber kommt eine „0". Rechts davon schreibt ihr „nach Christi Geburt". Links davon schreibt ihr „vor Christi Geburt".

Schritt 4:

Jetzt zeichnet ihr in Abständen von jeweils zwei Metern nach links senkrechte Striche ein. Jeder Strich bedeutet weitere 1000 Jahre.

Schritt 5:

Tragt wie unten Wörter wie Vorgeschichte, Frühgeschichte, Altertum, Mittelalter, Neuzeit ein.
Macht Zeichnungen wie unten und klebt sie auf den Geschichtsfries.

Den Geschichtsfries könnt ihr im Klassenzimmer aufhängen.
Zu neuen Themen könnt ihr Zeichnungen ergänzen.

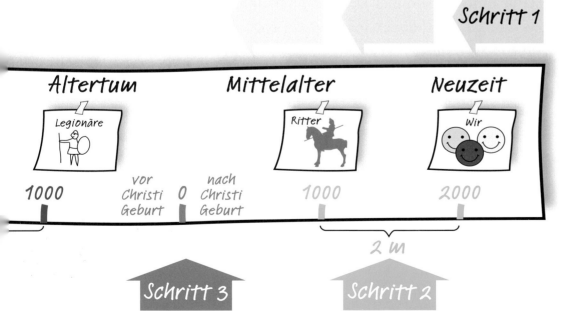

Geschichtsquellen entdecken

📖 Woher wissen wir, was früher war?

Markus befragt den Geschichtswissenschaftler Professor Meier:

1 „Herr Meier, woher wissen wir eigentlich, wie
2 die Menschen früher gelebt haben?"

1 „Alles, was wir von der Vergangenheit
2 wissen, erfahren wir aus geschichtlichen
3 Quellen. Das kann z. B. eine Münze sein.
4 Manchmal finden wir irgendwo römische
5 Münzen. Dann wissen wir, dass römische
6 Soldaten hier waren. Es kann auch sein, dass
7 römische Kaufleute dort Handel getrieben
8 haben. Vielleicht haben sie Waren dorthin
9 verkauft oder dort etwas gekauft. So eine
10 Quelle nennen wir Sachquelle. Andere
11 Sachquellen können Knochen, Gebäude oder
12 alle möglichen alten Gegenstände sein.
13 Ein altes Bild ist für uns eine Bildquelle. Auf
14 diesem Bild sehen wir, wie römische
15 Gladiatoren bewaffnet waren. Wir erkennen,
16 wie sie gegeneinander oder gegen Tiere
17 gekämpft haben.
18 Dann gibt es Schriftquellen. Auch in früher
19 Zeiten haben die Menschen etwas über ihre
20 Zeit berichtet. Aus diesen Berichten erfahren
21 wir etwas über das Leben zu dieser Zeit.
22 Wir können auch ältere Menschen nach der
23 Vergangenheit befragen. Sie erzählen uns, was
24 sie selbst erlebt haben. Solche Menschen
25 nennen wir Zeitzeugen."

Sachquelle

Bildquelle

Schriftquelle

Zeitzeugen

💬 **1** Lies den Text. Wie erfahren wir etwas über die Vergangenheit? ➜ Textknacker S. 72

2 Schreibe unter die Abbildungen: Bildquelle, Sachquelle, Schriftquelle oder Zeitzeuge.

Sachquelle

Zeitzeuge

Bildquelle

3 Nennt weitere Beispiele für geschichtliche Quellen. Vielleicht findet ihr sogar etwas zuhause und könnt es mitbringen. Das können alte Fotos oder alte Gegenstände wie Bücher oder Briefe sein.

4 Vor langer Zeit waren eure Großeltern so alt wie ihr heute.
Befragt sie nach dieser Zeit und erzählt davon in der Klasse.

Schriftquelle

Das kann ich!

1 Fülle die Lücken mit den Wörtern der rechten Spalte.

Die Zeit, in der die Ritter gelebt haben,

nennen wir _Mittelalter_ .

Unsere Zeit nennen wir die _Neuzeit_ .

Auch jeder Mensch hat seine eigene _Geschichte_ .

Und jede Familie hat ihre _Familiengeschichte_ .

Wie es früher war, erfahren wir aus

verschiedenen _Quellen_ .

Alte Briefe nennen wir _schriftliche Quellen_ .

Gegenstände, die uns etwas über die Vergangenheit erzählen,

heißen _Sachquellen_ .

➡ Familiengeschichte
Sachquellen
Neuzeit
Mittelalter
Geschichte
Quellen
schriftliche Quellen

2 Bringe die Wörter rechts in die richtige Reihenfolge. Die Bilder helfen dir.

➡ Mittelalter
Altertum
Frühgeschichte
Vorgeschichte

 _Vorgeschichte_

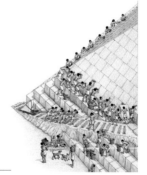 _Frühgeschichte_

 _Altertum_

 _Mittelalter_

3 Kreuze an: richtig oder falsch?

	richtig	falsch
Dinosaurier lebten lange Zeit vor den Menschen.	X	
Kein Mensch hat jemals einen lebenden Dinosaurier gesehen.	X	
Seitdem es die Erde gibt, gibt es auch Menschen.		X
Pyramiden stammen aus dem Mittelalter.		X
Jede Familie hat auch ihre Familiengeschichte.	X	
Burgen und Ritter gab es in der Vorgeschichte.		X
Eine alte Zeichnung ist eine Bildquelle.	X	
Das Altertum kam vor der Frühgeschichte.		X
Das Mittelalter kam nach dem Altertum.	X	
Die Menschen entstanden erst, als es die Erde schon sehr lange gab.	X	

4 Schreibe nun, was dich an Geschichte am meisten interessiert.

Überleben in der Vorgeschichte

1 Betrachtet das Bild genau.
Was entdeckt ihr?

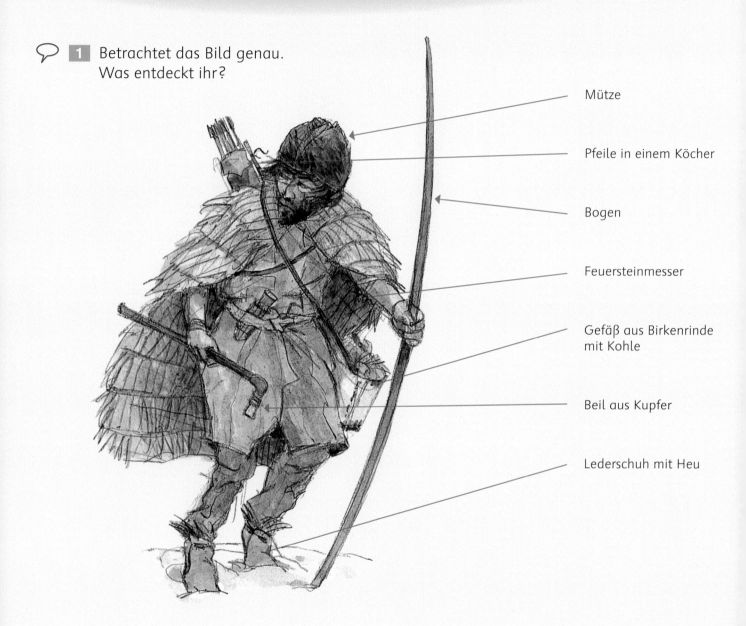

Mütze

Pfeile in einem Köcher

Bogen

Feuersteinmesser

Gefäß aus Birkenrinde
mit Kohle

Beil aus Kupfer

Lederschuh mit Heu

1 Das ist „Ötzi".

2 Er war etwa 40 Jahre alt.

3 „Ötzi" lebte vor 5300 Jahren.

4 Bergwanderer fanden seine Leiche 1991 im Eis.

5 Sie lag im Ötztal in den Alpen. Deshalb nennen wir ihn „Ötzi".

6 Seine Kleidung schützte ihn gut vor Kälte.

7 In seinem Rücken steckte eine Pfeilspitze.

8 Vielleicht ist „Ötzi" an dieser Verletzung gestorben.

2 Lies die Sätze und fülle die Lücken mit den Wörtern aus der rechten Spalte.

→ Heu
verteidigt
jagt
Bogen
Köcher mit Pfeilen
Beil aus Kupfer
Feuersteinmesser
Mütze
Umhang

„Ötzis" Kopf ist mit einer _Mütze_ bedeckt.

Um die Schultern trägt er einen _Umhang_.

Seine Lederschuhe sind mit _Heu_ ausgestopft.

Er trägt Waffen.

In der linken Hand hat er einen _Bogen_.

Auf dem Rücken trägt er einen _Köcher mit Pfeilen_.

In seiner rechten Hand hält er ein _Beil aus Kupfer_.

Am Gürtel ist ein _Feuersteinmesser_.

Vielleicht _jagt_ er Tiere.

Oder er _verteidigt_ sich gegen Feinde.

3 Erzählt, wie ihr euch das Leben von „Ötzi" vorstellt.

Die Entwicklung des Menschen

Der folgende Text erzählt, wie der Mensch sich entwickelt hat.
Der Textknacker hilft dir beim Lesen.

1 **Bilder helfen mir, den Text besser zu verstehen.**

→ Textknacker S. 72

Ich sehe mir die Bilder an. Was erzählen die Bilder über den Text?

2 **Die Schlüsselwörter im Text sind besonders wichtig. Sie sind hervorgehoben.**

Ich lese die Schlüsselwörter.
Was weiß ich jetzt?

📖 Der Mensch in der Vorgeschichte

1 Vor langer Zeit entstanden die ersten Menschen.

2 Wir nennen sie Urmenschen. Sie waren uns schon ähnlich.

3 Aber sie sahen doch noch anders aus als wir.

4 Die Urmenschen waren am ganzen Körper beharrt.

5 Sie sahen so ähnlich aus wie Affen, aber sie benutzten schon

6 einfache Werkzeuge und Waffen.

7 Langsam lernte der Mensch, aufrecht zu gehen. Und er konnte

8 mit dem Feuer umgehen. Die Urmenschen konnten sprechen.

9 Es verging noch sehr viel Zeit. Die Urmenschen entwickelten sich.

10 Sie benutzten jetzt weiter entwickelte Waffen und Werkzeuge.

11 Erst viel später sahen die Menschen so aus wie wir heute.

3 Ordne den Bildern einen Satz von unten zu
und schreibe ihn unter das Bild.

Menschen können mit Feuer
umgehen.

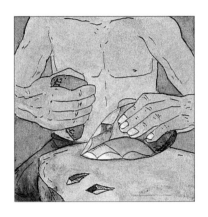

Menschen bauen Werkzeuge.

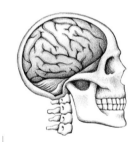
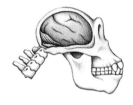

Menschen haben ein großes Gehirn
und können sprechen.

Menschen gehen aufrecht.

Menschen gehen aufrecht.
Menschen können mit Feuer umgehen.
Menschen haben ein großes Gehirn und können sprechen.
Menschen bauen Werkzeuge.

Die Altsteinzeit

 1 Beschreibt die Bilder.

📖 Jäger und Sammlerinnen

→ Textknacker S. 72

1 Die Menschen in der Altsteinzeit lebten von der Jagd und vom
2 Sammeln. Werkzeuge und Waffen waren meist aus Stein.
3 Die Männer waren Jäger.
4 Sie jagten Mammuts, Rentiere, Hasen und andere Tiere.
5 Die Frauen waren Sammlerinnen.
6 Sie sammelten Früchte, Pilze, Wurzeln oder Schnecken.
7 Die Menschen lebten in Zelten aus Tierfellen oder in
8 Höhleneingängen.
9 Wenn sie keine Tiere mehr zum Jagen fanden und es zu wenig zu
10 sammeln gab, zogen sie weiter.
11 Man nennt solche umherziehenden Menschen Nomaden.

2 Erkläre, wie die Menschen wohnten.

Die Menschen lebten in Zelten aus Tierfellen oder vor Höhleneingängen.

3 Erkläre, wie die Menschen sich Nahrung verschafften.

Die Männer jagten Mammuts, Rentiere, Hasen und andere Tiere. Die Frauen sammelten Früchte, Pilze, Wurzeln oder Schnecken.

4 Nenne zwei Berufe aus der Altsteinzeit.

Jäger   *Sammlerin*

5 Schreibe die Wörter aus der rechten Spalte in die Lücken.

So nutzten die Menschen die gejagten Tiere.

Die Urmenschen nutzten alles von den gejagten Tieren. Das Fleisch war für sie *Nahrung*. Aus den Fellen stellten sie *Kleidung und Zelte* her.

Die Knochen und das Geweih verarbeiteten sie zu *Waffen und Werkzeugen*.

Die Därme und Sehnen verwendeten sie als *Schnüre, Garn und Bogensehnen*.

Kleine Knochen und Frischgräten benutzten sie als *Nadeln*.

→ Nadeln
Waffen und Werkzeugen
Kleidung und Zelte
Nahrung
Schnüre, Garn und Bogensehnen.

📖 Höhlenbilder selbst malen

1 Die Steinzeitmenschen haben in Höhlen Bilder an die Wände
2 gemalt.
3 Auf den Bildern waren oft Tiere gemalt. Diese Tiere jagten sie.
4 Die Menschen glaubten, dass die Bilder ihnen Glück bei der Jagd
5 bringen.

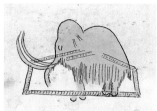

Schüler malen selbst ein Höhlenbild.

 Solche Höhlenbilder könnt ihr auch selbst malen.

Ihr braucht dazu:

- Tapetenkleister

- ein Stück Holz zum Umrühren

- einen Eimer

- etwas Erde

- Zeitungspapier

- große Pappbögen

- Naturfarben zum Selbstanrühren (Ihr könnt auch Wasserfarben nehmen.)

- Pinsel oder Stöckchen (Steinzeitmenschen haben mit Stöckchen oder den Händen gemalt.)

So geht ihr vor:

1. Rührt den Tapetenkleister in dem Eimer an.

2. Vermischt die Erde mit dem Kleister.

3. Zerreißt das Zeitungspapier.

4. Vermischt das Zeitungspapier mit dem Kleister.

5. Klebt es auf die Pappe.

→ Jetzt habt ihr eine Felswand. Bemalt sie grau oder braun.

Nun könnt ihr darauf euer Bild malen.
Ihr könnt die Höhlenbilder auf der linken Seite abmalen.
Vielleicht habt ihr eigene Ideen.

Die Jungsteinzeit

Im folgenden Text kannst du viel über die Jungsteinzeit erfahren.
Der Textknacker hilft dir dabei.

1 **Bilder helfen mir, den Text besser zu verstehen.**

➜ Textknacker S. 72

Ich sehe mir die Bilder an.

2 **Die Schlüsselwörter im Text sind besonders wichtig.**
Sie sind hervorgehoben.

Ich lese die Schlüsselwörter.
Was weiß ich jetzt?

📖 Ackerbauern und Viehzüchter

1 Vor ungefähr 12000 Jahren begann die Jungsteinzeit.

2 Die Menschen bauten Häuser.

3 In den Häusern lebten sie viele Jahre.

4 Sie waren Viehzüchter.

5 Die Menschen waren auch Ackerbauern

6 Sie bauten Früchte und Getreide an.

7 Dazu benutzten sie Geräte.

8 Tiere halfen bei der Arbeit.

9 Die Menschen zogen nicht mehr umher, sondern wurden sesshaft.

3 Erkläre, wie die Menschen wohnten.

Die Menschen wohnten in Häusern.

Sie waren sesshaft.

4 Erkläre, wie die Menschen sich Nahrung verschafften.

Die Menschen züchteten Tiere. Sie konnten sie melken

oder schlachten. Die Menschen bauten Früchte und

Getreide an.

5 Nenne zwei Berufe aus der Jungsteinzeit:

Ackerbauern   *Viehzüchter*

6 Die Menschen hatten neue Ideen, um sich die Arbeit zu erleichtern.
Sie erfanden Geräte. Ordne die Wörter den Bildern zu:

→ Pflug,
Menschen ziehen
einen Pflug,
Ochsengespann,
Grabstock

1. *Grabstock*   2. *Menschen ziehen einen Pflug*

3. *Pflug*   4. *Ochsengespann*

7 Beschreibt das Leben in der Jungsteinzeit.

Die Metallzeit

Der Textknacker hilft mir, Texte zu lesen und zu verstehen.

→ Textknacker S. 72

1 Bilder helfen mir, den Text besser zu verstehen.

Ich sehe mir die Bilder an.
Was sagen die Bilder über den Text?

2 Die Überschrift sagt mir etwas über den Text.

Ich lese die Überschrift.
Was könnte in dem Text stehen?

3 Die Schlüsselwörter im Text sind besonders wichtig. Sie sind hervorgehoben.

Ich lese die Schlüsselwörter.
Was weiß ich jetzt?

4 Erst der ganze Text sagt mir, worum es geht.

Ich lese den ganzen Text.

Die Menschen nutzen Metall

1 Vor etwa 6000 Jahren stellten die Menschen Metall her.
2 Metalle sind härter als Stein.
3 Man kann feinere Gegenstände daraus herstellen.
4 Man gewinnt Metall aus Erz.
5 Bergmänner holten das Erz aus der Erde.
6 Schmiede schmolzen das Erz und bearbeiteten das Metall zu
7 Waffen, Werkzeugen oder Schmuck.
8 Händler kauften und verkauften Waren.
9 Das Metall Kupfer ist weich.
10 Es verformt sich schnell.

11 Wenn man Kupfer mit Zinn mischt, entsteht Bronze.

12 Bronze ist ein härteres Metall.

13 Später stellte man ein noch härteres Metall her, das Eisen.

14 Deshalb spricht man auch von der Bronzezeit und von der

15 Eisenzeit.

! Kupfer und Zinn ergibt Bronze

5 Nenne neue Berufe, die es in der Metallzeit gab.

Bergmann,   Schmied,

Händler

6 Setze die Wörter in die Felder:

Kupfer   und   Zinn   ergibt   Bronze

→ Bronze
Kupfer
Zinn

7 Lies noch einmal im Text nach. Fülle die Lücken im Text aus.

→ Metall ist viel _härter_ als Stein.

→ Man kann mit Metall _feinere_ Gegenstände herstellen.

→ Eisen ist ein noch _härteres_ Metall als Bronze.

→ Es gab eine Bronze _zeit_ .

→ Es gab eine Eisen _zeit_ .

Das kann ich!

1 Fülle die Lücken mit den Wörtern der rechten Spalte aus.

Die Altsteinzeit

Die Menschen waren _Jäger und Sammlerinnen_ . →

Sie lebten in _Zelten_

oder vor _Höhleneingängen_ .

Sie zogen umher und waren _Nomaden_ .

festen Häusern
Jäger und
Sammlerinnen
Nomaden
Ackerbauern
und Viehzüchter
Zelten
Höhleneingängen
sesshaft

Die Jungsteinzeit

Die Menschen waren _Ackerbauern und Viehzüchter_
.

Sie lebten in _festen Häusern_ .

Sie waren _sesshaft_ .

2 Kreuze an: richtig oder falsch?

	richtig	falsch
Vor langer Zeit lebten die Menschen so wie heute.	☐	☒
In der Altsteinzeit gab es schon feste Häuser.	☐	☒
Menschen, die umherziehen, nennt man Nomaden.	☒	☐
In der Jungsteinzeit blieben die Menschen lange Zeit an einem Ort.	☒	☐
In der Altsteinzeit gab es schon Ackerbauern und Viehzüchter.	☐	☒
Bronze besteht aus Kupfer und Zinn.	☒	☐
Die Menschen in der Jungsteinzeit waren Ackerbauern und Viehzüchter.	☒	☐

3 Schreibe nun auf, was für dich am Thema Vorgeschichte interessant ist.

Die Erde als Himmelskörper

Das Weltall

1 Das Weltall ist unendlich groß.

2 Man nennt es auch das Universum.

3 Das Universum besteht aus Millionen von Galaxien*.

4 In jeder Galaxie gibt es Milliarden von Sonnensystemen**.

5 Das Sonnensystem mit unserer Erde befindet sich in einer

6 Galaxie, die Milchstraße heißt.

* Ansammlungen von Sternen und Planeten

** Gruppe von Planeten, die um die Sonne kreisen.

1 Sicher habt ihr euch schon einmal einen sternenklaren Himmel bei Nacht angesehen. Er sah wahrscheinlich so ähnlich aus wie das Bild. Berichtet, was ihr beobachtet habt.

2 Was weißt du schon?
Schreibe das richtige Wort in die Lücke.

→ unendlich
Universum
Milchstraße
Galaxien
Sonnensystemen

Das Weltall nennt man auch das _Universum_.

Seine Größe ist _unendlich_.

Im Universum gibt es Milliarden von _Galaxien_.

All diese Galaxien bestehen aus unzähligen _Sonnensystemen_.

Die Galaxie, zu der unser Sonnensystem gehört,

heißt _Milchstraße_.

3 Stell dir vor, du fliegst in einem Raumschiff durch das Weltall. Was erlebst du? Male ein Bild und erzähle deiner Klasse dazu eine „Weltraum-Geschichte".

Unser Sonnensystem

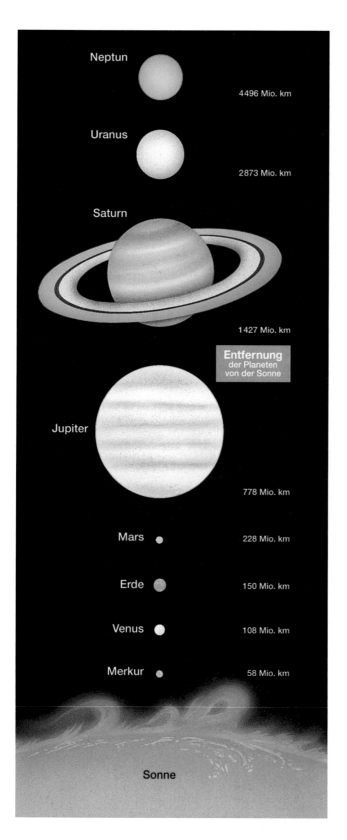

1 Jedes Sonnensystem besteht aus
2 verschiedenen Planeten.
3 Diese Planeten kreisen um einen Stern.
4 In unserem Sonnensystem ist die Sonne
5 dieser Stern.
6 Um die Sonne kreisen alle Planeten,
7 die zu unserem Sonnensystem gehören:
8 der Mars, die Venus, die Erde, der Merkur,
9 der Jupiter, der Saturn, der Uranus und
10 der Neptun.

💬 **1** Erzähle, was du schon einmal über die Planeten gehört hast.

2 Schau dir die Bilder genau an und lies den Text dazu. Wer ist gemeint? Schau in der Wörterliste nach und trage den richtigen Namen ein.

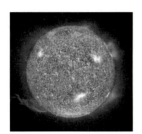

1 Sie ist unser Fixstern.
2 Alle Planeten kreisen um sie.
3 Sie gibt uns Licht und Wärme.

→ die Venus
   der Saturn
   die Sonne
   die Erde
   der Mars

Es ist die _Sonne_ .

1 Er wird der rote Planet genannt.
2 Auf ihm gibt es Vulkane.

Es ist der _Mars_ .

1 Auf ihr gibt es Wasser und Lebewesen.
2 Zu ihr gehört ein Mond.
3 Wir leben auf ihr.

Es ist die _Erde_ .

1 Er besteht aus Gasen und Flüssigkeiten.
2 Er ist von Ringen aus Eis und Stein umgeben.

Es ist der _Saturn_ .

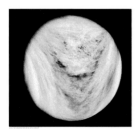

1 Sie strahlt so hell, dass man sie als ersten
2 Stern am Abendhimmel sehen kann.
3 Sie ist von weißen Wolken umgeben.

Es ist die _Venus_ .

Der Planet Erde

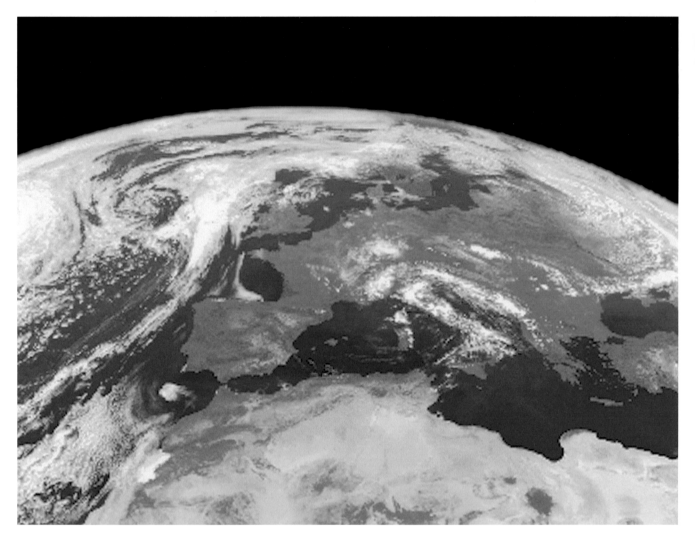

1 Die Erde besteht aus verschiedenen Gesteinen und sehr viel

2 Wasser, den Ozeanen und Meeren.

3 Weil man das Wasser sehr gut vom Weltall aus erkennen kann,

4 wird die Erde auch der „blaue Planet" genannt.

5 Die Erde ist der einzige Planet, auf dem es Lebewesen gibt.

6 Sie hat eine Hülle aus verschiedenen Gasen,

7 die Lebewesen zum Atmen brauchen.

8 Solche Gase sind beispielsweise Stickstoff und Sauerstoff.

9 Die Erde dreht sich wie alle Planeten unseres Sonnensystems

10 um die Sonne.

11 Dazu braucht sie 365 Tage und 6 Stunden.

12 Zu unserer Erde gehört ein Mond.

13 Der Mond umkreist die Erde in 26 Tagen.

➔ Textknacker S. 72

💬 **1** Betrachte das Bild und beschreibe genau, was du erkennen kannst.

✏️ **2** Erkläre, warum man die Erde den „blauen Planeten" nennt.

Auf der Erde gibt es viel Wasser.

Seine blaue Farbe lässt die Erde vom Weltall

aus betrachtet blau erscheinen.

✏️ **3** Erkläre, warum auf der Erde Lebewesen leben können.

Auf der Erde finden die Lebewesen Wasser und

auch Sauerstoff. Das brauchen die meisten Lebewesen.

✏️ **4** Was ist richtig? Kreuze an.

	falsch	richtig
Die Sonne dreht sich um die Erde.	X	
Die Erde dreht sich um die Sonne.		X
Der Mond dreht sich um die Erde.		X

Werkstatt

Das Planeten-Mobile

Eine Möglichkeit sich die Größe der Planeten vorstellen zu können ist das Planeten-Mobile.

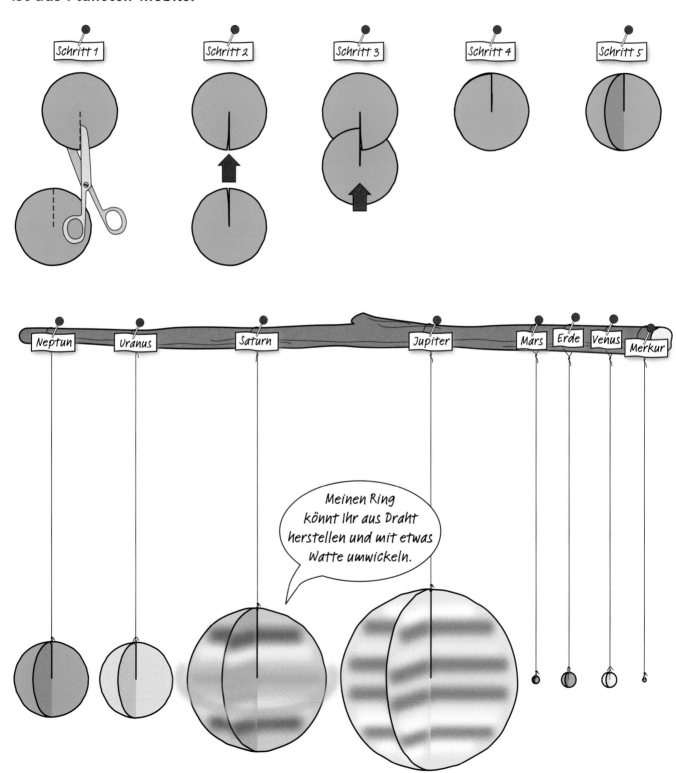

Ihr könnt euch gemeinsam einige Planeten – Mobiles für euer Klassenzimmer herstellen.
Wenn alle mitmachen, ist das gar kein Problem!
Hier ist eine Anleitung dazu:

Ihr braucht:

- weiße Pappe

- Zirkel

- Scheren

- Wasserfarben

- dünne Schnur

- einen geraden Ast zum Aufhängen

Und so geht ihr vor:

- Entscheidet euch, wer welche Planeten herstellt.

- Zeichnet mit einem Zirkel auf Pappe zweimal einen Kreis mit dem angegebenen Durchmesser

Merkur	ca.	1 cm
Venus und Erde	ca.	4 cm
Mars	ca.	2 cm
Jupiter	ca.	48 cm
Saturn	ca.	38 cm
Venus und Neptun	ca.	20 cm

- Schneidet die Kreise aus.

- Malt sie mit Wasserfarben an.

- Schneidet jeden Kreis genau bis in die Mitte ein.

- Steckt beide Kreise ineinander.

- Stecht oben in den fertigen Planeten ein kleines Loch und fädelt eine dünne Schnur durch.

- Hängt die Planeten in der richtigen Reihenfolge an dem Ast auf.

Das kann ich!

1 Richtig oder falsch? Kreuze an:

	richtig	falsch
Das Weltall heißt auch Universum.	✓	
Das Weltall ist kugelförmig.		X
Unsere Galaxie heißt auch Milchstraße.	X	
Die Sonne ist ein Stern.	X	
Unser Sonnensystem heißt auch Lindenstraße.		X
In jeder Galaxie gibt es Milliarden von Sternen.	X	
Wenn Planeten um eine Sonne kreisen, nennt man das ein Sonnensystem.	X	
Die Sonne kreist um die Milchstraße.		X
Der Mond kreist um die Sonne.		X
Große Himmelskörper, die um eine Sonne kreisen, heißen Planeten.	X	
Himmelskörper, die um Planeten kreisen, heißen Mond.	X	

2 Sortiere die Himmelkörper aus der Wortliste nach ihrer Größe und ihrer Entfernung von der Sonne.

→ Merkur
Neptun
Erde
Jupiter

Nach Größe	Nach Entfernung von der Sonne
Jupiter	Merkur
Neptun	Erde
Erde	Jupiter
Merkur	Neptun

✏ **4** Setze die Wörter aus der Wortliste in den Lückentext ein.

→ Wasser
Atmosphäre
Gesteinen
Lebewesen
Mond
Ozeane

Der blaue Planet

Unsere Erde besteht zum größten Teil aus

verschiedenen *Gesteinen*   .

Ihre Oberfläche ist zum größten Teil bedeckt mit *Wasser*   .

Es bildet die Meere und *Ozeane*   .

Deshalb erscheint die Erde vom Weltall aus betrachtet vor allem blau.

Die Erde ist umgeben von einer dünnen Schicht von Gasen,

der *Atmosphäre*   .

Um die Erde kreist der *Mond*   .

Die Erde ist der einzige Planet, auf dem es *Lebewesen*

gibt.

✏ **5** Suche dir einen Planeten des Sonnensystems aus. Stell dir vor,
dort würde es Lebewesen geben. Überlege, wie sie aussehen
könnten und male dazu ein Bild.

Deutschland hat viele Gesichter

Merhaba! Adım Murat. Ben Türküm.

Hallo! Ich heiße Lisa. Ich komme aus Deutschland.

Привет! Меня зовут Александр. Я из России.*

Bonjour! Je m'appelle Charlene. Je viens du Sénegál.

*gesprochen: Privjet! Mjenja zovut Aleksander. Ja iz Rossii.

1. Wir alle leben in Deutschland.
2. Wir alle wohnen in der gleichen Stadt.
3. Wir besuchen alle die gleiche Schule.
4. Wir gehen alle in die Klasse 5.

1 Wie heißt du? Woher kommst du?
Klebe hier ein Foto von dir ein oder male ein Bild von dir. Stelle dich in der Sprechblase vor.

2 Und wie ist es mit deinen Mitschülerinnen und Mitschülern?
Aus wie vielen Ländern kommen sie?

Aus ☐ Ländern.

Aus welchen Ländern kommen sie?

Aus Deutschland

Wie viele Sprachen werden in deiner Klasse gesprochen?

☐ Sprachen.

Welche Sprachen sind das?

deutsch

📖 Wie war das damals?

1 Murat will wissen, wie das war,
2 als seine Familie nach Deutschland kam.
3 Er befragt seinen Opa.
4 Dazu schreibt er sich zunächst ein paar Fragen auf,
5 auf die er eine Antwort bekommen möchte.

1 – Wann ist unsere Familie nach Deutschland gekommen?
2 – Wie alt warst du da?
3 – Warum ist unsere Familie nach Deutschland gekommen?
4 – Wo kam unsere Familie genau her?
5 – Wie fandest du es anfangs in Deutschland?
6 – Kannst du dich noch an eine besonders schöne oder
7 besonders unangenehme Situation aus deiner Zeit in
8 Deutschland erinnern?
9 – Wie findest du es heute in Deutschland?

1 Lisas Familie kommt aus Deutschland. Aber sie weiß noch wenig
2 über das Leben ihrer Eltern und Großeltern. Deshalb möchte
3 auch sie Näheres über die Geschichte ihrer Familie erfahren.
4 Leider wohnen ihre Großeltern weit weg.
5 Daher notiert sie sich folgende Fragen für ihre Mutter:

1 – Wo hast du als Kind gelebt?
2 – Was war damals anders als heute?
3 – Was war früher besser als heute?
4 – Was war schlechter?
5 – Wo bist du auf die Schule gegangen?
6 – Wie waren deine Lehrer?
7 – Was war in der Schule anders als heute?
8 – Was hast du nachmittags gemacht?

Am Abend befragt Murat seinen Opa:

> Hallo Opa! Ich würde gerne wissen, wie das war, als unsere Familie nach Deutschland kam. Dazu habe ich ein paar Fragen aufgeschrieben. Also: Wann ist unsere Familie denn nach Deutschland gekommen?

> Das erzähle ich Dir gerne. Das war vor etwa 40 Jahren.

> Moment, das schreibe ich mir eben auf.

Und wie war das bei deiner Familie?

Diese fünf Schritte helfen dir bei deinem Interview:

1. Wen kannst du in deiner Familie befragen?
   Schreibe den Namen hier auf:

   _____

2. Überlege dir was du in dem Interview erfahren willst. Denke dir eine passende Überschrift aus (z. B. „Unsere Familiengeschichte" oder „Das Leben meiner Mutter als Kind"). Schreibe sie auf:

   _____

3. Überlege dir einige Fragen.

4. Schreibe sie auf. Lass hinter jeder Frage etwas Platz für die Antworten.

5. Vielleicht gibt es ja sogar Fotos von früher?
   Frage danach und bring sie mit in die Schule, wenn du darfst.

6. Vergiss nicht, dich hinterher für das Interview zu bedanken!

Danke

Dazugehören

Der Textknacker hilft mir, Texte zu lesen und zu verstehen.

| 1 | **Bilder helfen mir, den Text besser zu verstehen.** → Textknacker S. 72

Ich sehe mir das Bild an.
Was sagt mir das Bild über den Text?

| 2 | **Die Überschrift sagt mir etwas über den Text.**

Ich lese die Überschrift.
Was könnte in dem Text stehen?

| 3 | **Die Schlüsselwörter im Text sind besonders wichtig.
Sie sind hervorgehoben.**

Ich lese die Schlüsselwörter.
Was weiß ich jetzt?

| 4 | **Erst der ganze Text sagt mir, worum es geht.**

Ich lese den ganzen Text.

📖 Wann ist ein Ausländer ein Ausländer?

1 Das ist Gerald Asamoah.
2 Er ist Profi-Fußballer beim Fußballverein Schalke 04.
3 Außerdem spielt er in der Deutschen Nationalmannschaft.
4 Er wurde in Ghana geboren. Das ist in Afrika.
5 Seit er elf ist, lebt er in Deutschland.
6 Er hat einen deutschen Pass, also ist er Deutscher.
7 Trotzdem wird er oft als Ausländer beschimpft.
8 Das liegt an seiner dunklen Hautfarbe.
9 Deshalb meinen viele, dass er Ausländer ist.
10 Und leider gibt es Leute, die Ausländer nicht mögen

| 5 | Nun kannst du die folgenden Fragen beantworten:

1) Wer ist Gerald Asamoah? *Er ist ein Fußballspieler beim FC Schalke.*

2) Aus welchem Land kommt er? *Er kommt aus Ghana.*

3) Welche Nationalität hat er? *deutsch*

4) Warum wird Asamoah immer wieder beschimpft?

Weil manche Leute ihn für einen Ausländer halten.

💬✏️ **6** Wie ist das in Eurer Klasse? Schreibt auf:

– Wie viele Ausländer sind in Eurer Klasse?

In unserer Klasse sind ☐ Ausländer.

– Wie viele Deutsche sind in Eurer Klasse?

In unserer Klasse sind ☐ Deutsche.

– Gibt es Kinder, die sich nicht ganz sicher sind?
(Zum Beispiel, weil sie sich türkisch und deutsch fühlen?)

☐ ja   ☐ nein

💬 **7** Wie fühlen sich diese Kinder wohl? Sprecht darüber.

„Jeder Mensch ist Ausländer. Fast überall."

💬✏️ **8** Sprecht über diesen Spruch. Zwei Erklärungen passen zu dem Spruch. Kreuzt an.

☒ Deutschland ist nur eines von ganz vielen Ländern auf der

Erde. In allen anderen Ländern sind wir Ausländer.

☐ Mit Ausländern will ich nichts zu tun haben.

☐ Ausländer haben in Deutschland nichts zu suchen.

☒ Wir sollten nett zu Ausländern sein. Wenn wir im Ausland

sind, wollen wir auch nett behandelt werden.

Christentum und Islam

1 <u>Jesus Christus</u> lebte vor etwa <u>2000</u>
2 <u>Jahren</u>. Für <u>Christen</u> ist er die wichtigste
3 Gestalt ihres Glaubens.

4 Die <u>Bibel</u> der Christen besteht aus zwei
5 Teilen: dem <u>Alten</u> und dem <u>Neuen</u>
6 <u>Testament</u>.
7 In der ganzen Bibel stehen viele
8 Geschichten über <u>Gott</u>. Im Neuen
9 Testament wird besonders über Jesus und
10 seine Taten berichtet.

11 Gläubige Christen gehen <u>sonntags</u> in
12 die <u>Kirche</u>. Dort beten sie und hören von
13 Jesus und Gott. Der <u>Gottesdienst</u> wird
14 von einem <u>Pfarrer</u> geleitet.

15 <u>Mohammed</u> ist der Begründer des <u>Islam</u>.
16 Er lebte von <u>570–632 n.Chr</u>. Die
17 Menschen, die an ihn glauben,
nennt man <u>Moslems</u>.

18 Das Buch heißt „<u>Koran</u>". Der Gott der
19 Moslems heißt <u>Allah</u>. Im Koran stehen
20 Geschichten über Allah und viele <u>Regeln</u>,
21 <u>Verbote</u> und <u>Gebote</u> über das
22 Zusammenleben der Menschen.

23 Gläubige Moslems sollen fünfmal am
24 Tag beten. <u>Freitags</u> gehen sie in die
25 <u>Moschee</u> und beten dort gemeinsam.
26 Diese gemeinsamen <u>Gebete</u> werden von
27 einem Vorbeter, dem <u>Imam</u>, geleitet.

✏️ **1** Markiere die wichtigsten Begriffe der Texte mit einem Stift. Zu jedem Bild darfst Du höchstens fünf Wörter markieren.

✏️ **2** Kreuze an, ob die Aussage auf Christen oder Moslems zutreffen.

a) Mohammed ist der Begründer der…

☐ Christen   ☒ Moslems

b) Für sie ist Jesus die wichtigste Gestalt ihres Glaubens.

☒ Christen   ☐ Moslems

c) Das Buch, in dem ihre Geschichten über Gott stehen, heißt Bibel.

☒ Christen   ☐ Moslems

d) Das Buch, in dem ihre Geschichten über Gott stehen, heißt Koran.

☐ Christen   ☒ Moslems

e) Sie beten in der Moschee.

☐ Christen   ☒ Moslems

f) Sie beten in der Kirche.

☒ Christen   ☐ Moslems

✏️ **3** Finde heraus, auf wie viele Deiner Mitschüler die folgenden Aussagen zutreffen. Schreibe die Anzahl in die Kästchen.

a) Ich bin getauft. ☐   d) Ich bin Moslem. ☐

b) Ich bin evangelisch. ☐   e) Ich habe eine andere Religion. ☐

c) Ich bin katholisch. ☐   f) Ich habe keine Religion. ☐

Das kann ich!

1 Weißt du noch, wie du das Interview durchgeführt hast? Erinnere dich noch einmal an die einzelnen Schritte. Trage ein:

Als erstes habe ich mir ein paar _Fragen_ überlegt. → Antworten
aufgeschrieben
bedankt
durchführen
Fragen
Fragen
Fotos
Interview
Platz
zeigen

Die habe ich _aufgeschrieben_. Dabei war es

wichtig, _Platz_ für die Antworten zu lassen.

Dann konnte ich das Interview _durchführen_: Ich habe

die _Fragen_ gestellt und die _Antworten_

aufgeschrieben. Auch nach _Fotos_ von früher

habe ich gefragt, um sie in der Schule zu _zeigen_.

Und als das _Interview_ zu Ende war, habe ich

mich _bedankt_.

2 Wer oder was ist gemeint?
Hilfen findest du auf Seite 68.

Er lebte vor 2000 Jahren: _J e s u s_

Die Menschen, die an Mohammed glauben, nennt man: _M o s l e m s_

Dieses Buch besteht aus dem Alten und Neuen Testament: _B i b e l_

Die heilige Schrift des Islam heißt: _K o r a n_

Dorthin gehen Christen zum Gottesdienst: _K i r c h e_

An diesem Tag beten gläubige Muslime in der Moschee: _F r e i t a g_

Lösungssatz: Deutschland hat viele _G e s i c h t e r_!

3 „Alles Gute zum Geburtstag" kann man in vielen Sprachen sagen. Versucht es mal!

Joyeux anniversaire!

Sprache: *Französisch*

Buon compleanno!

Sprache: *Italienisch*

Feliz compleaños!

Sprache: *Spanisch*

Doğum günün kutlu olsun!

Sprache: *Türkisch*

Gelukkige verjaardag!

Sprache: *Niederländisch*

Wszystkiego najlepszego z okazji urodzin!

Sprache: *Polnisch*

Happy birthday to you!

Sprache: *Englisch*

4 Könnt Ihr die Sätze den Sprachen zuordnen? Tragt ein.

→ Englisch
Französisch
Italienisch
Niederländisch
Polnisch
Spanisch
Türkisch

5 Kann in Eurer Klasse jemand diesen Satz in einer weiteren Sprache sagen? Schreibt ihn hier auf:

Gewusst wie!

Der Textknacker

Der Textknacker hilft mir, Texte zu lesen und zu verstehen.

 1 **Bilder helfen mir, den Text besser zu verstehen.**

Ich sehe mir die Bilder an.
Was sagen die Bilder über den Text?

2 **Die Überschrift sagt mir etwas über den Text.**

Ich lese die Überschrift.
Was könnte in dem Text stehen?

3 **Ein Text hat Abschnitte.**
Was in einem Abschnitt steht, gehört zusammen.

Ich zähle die Abschnitte.
Wie viele Abschnitte hat der Text?

4 **Die Schlüsselwörter im Text sind besonders wichtig.**
Sie sind hervorgehoben.

Ich lese die Schlüsselwörter.
Was weiß ich jetzt?

5 **Erst der ganze Text sagt mir, worum es geht.**

Ich lese den ganzen Text.

Der Schreibprofi

Beim Schreiben helfen mir 3 Schritte.

 1 Vor dem Schreiben

Ich überlege:

       a) **Für wen** will ich schreiben?
          – Schreibe ich für mich?
            oder
          – Schreibe ich für andere?

          Wer liest, was ich geschrieben habe?

       b) **Was** will ich schreiben?

2 Beim Schreiben

       Nun schreibe ich.
       Ich kann Hilfen benutzen, zum Beispiel ein Wörterbuch.

3 Nach dem Schreiben

Ich prüfe:

       a) Kann ich meine Wörter oder meine Sätze lesen
          und verstehen?
       b) Kann ein anderer aus der Klasse meine Wörter oder meine
          Sätze lesen und verstehen?

Lexikon

der Ackerbauer, die Ackerbauern	Ein Ackerbauer ist ein Mensch, der ein Stück Acker bearbeitet. Er sät und erntet auf dem Acker, um von den Früchten zu leben.
das Altertum	Die Zeit der Griechen und Römer nennen wir Altertum. Das war vor etwa 3000 bis 1500 Jahren.
die Altsteinzeit	Die Zeit, in der die Menschen auf der Suche nach Nahrung als Jäger und Sammlerinnen umherzogen, nennen wir Altsteinzeit. Das war vor mehr als 7000 Jahren.
der Ausländer, die Ausländer	Ausländer sind alle Menschen, die in Deutschland leben, aber keine Deutschen sind. Sie selbst oder ihre Eltern oder Großeltern sind aus einem anderen Land gekommen. Ausländer können Deutsche werden. Sie müssen dazu in Deutschland geboren sein oder eine bestimmte Zeit hier gelebt haben und Deutsch sprechen.
der Bergmann, die Bergmänner	Bergmann ist ein Beruf. Der Bergmann fördert aus der Erde Rohstoffe wie Kohle oder Erz zu Tage. Er arbeitet in Bergwerken oder im Tagebau.
die Bibel, die Bibeln	Die Bibel ist das wichtigste Buch der Christen.
die Bildquelle, die Bildquellen	Alte Bilder, auf denen wir etwas über das Leben der damaligen Menschen erfahren, nennen wir auch Bildquellen.
die Bronze	Bronze ist ein Metall, das aus Kupfer und Zinn gemischt ist.
die Bronzezeit	Die Zeit, in der die Menschen gelernt hatten, Bronze herzustellen und daraus die wichtigsten Werkzeuge fertigten, nennen wir Bronzezeit. Das war in Deutschland vor ungefähr 4000 Jahren.

das Christentum	Das Christentum ist eine Religion, die auf Jesus Christus zurückgeht. Die meisten Menschen in Deutschland sind Christen.
die Eisenzeit	Die Zeit, in der die Menschen gelernt hatten, Eisen herzustellen und daraus die wichtigsten Werkzeuge fertigten, nennen wir Eisenzeit. Das war in Deutschland vor ungefähr 2500 Jahren.
die Erdkunde	Erdkunde ist ein Schulfach. Es beschäftigt sich mit der Oberfläche der Erde und ihrer Bedeutung für das Leben der Menschen.
die Familiengeschichte, die Familiengeschichten	Familiengeschichte nennen wir das, was die Mitglieder einer Familie aus ihrer Vergangenheit berichten können.
der Fragebogen, die Fragebögen	Fragebogen nennen wir eine Liste mit Fragen, die man einer Person oder mehreren Personen nacheinander vorlegt.
die Frühgeschichte	Frühgeschichte nennen wir die Zeit, zu der die Menschen bereits die Schrift erfunden hatten. In Ägypten wurden zu dieser Zeit die Pyramiden erbaut. Das war vor ungefähr 4500 Jahren.
die Galaxis, die Galaxien	Eine Galaxis ist eine Ansammlung von Sternen und Planeten im Weltall. Es gibt Millionen von Galaxien. Jede besteht aus Milliarden von Sternen. Unsere Galaxis heißt Milchstraße.
der Gebäudeplan, die Gebäudepläne	Einen Plan, der die Räume in einem Gebäude zeigt, nennen wir Gebäudeplan.
die Geschichte	Geschichte ist ein Schulfach. Es beschäftigt sich mit dem, was wir über die Vergangenheit der Menschen und ihr Zusammenleben wissen und berichten können.

der Geschichtswissenschaftler, die Geschichtswissenschaftler	Ein Geschichtswissenschaftler ist ein Mensch, der etwas über das Leben der Menschen in der Vergangenheit erfahren und berichten möchte.
Ghana	Ghana ist ein Land in Westafrika.
die Großeltern	Großeltern nennen wir die Eltern von Mutter oder Vater. Die meisten Kinder sagen Oma und Opa zu ihnen.
der Grundriss, die Grundrisse	Ein Grundriss ist die genaue Darstellung von Gebäuden oder Räumen und ihrer Einrichtung aus der Vogelperspektive.
das Interview, die Interviews	Ein Interview ist ein Gespräch mit einer Person, für das zuvor Fragen festgelegt worden sind. Es kann schriftlich oder als Tonaufnahme oder Videoaufnahme festgehalten werden.
der Islam	Der Islam ist eine Religion, die auf den Propheten Mohammed zurückgeht. Die Anhänger des Islam heißen Muslime. In Deutschland leben viele Muslime.
die Jungsteinzeit	Die Zeit, in der die Menschen als Ackerbauern und Viehzüchter sesshaft geworden waren und in Häusern wohnten, nennen wir Jungsteinzeit. Sie begann vor ungefähr 7000 Jahren.
der Koran	Der Koran ist das wichtigste Buch der Muslime.
die Legende, die Legenden	Die Zeichenerklärung für Karten oder Pläne nennen wir Legende.
der Maßstab, die Maßstäbe	Auf Karten und Plänen sind alle Dinge stark verkleinert dargestellt. Die Angabe, welche Größe die Dinge in der Wirklichkeit haben, nennen wir Maßstab. Der Maßstab kann auch ähnlich wie ein kleines Lineal neben der Karte aufgezeichnet sein.

das Metall, die Metalle	Metalle kann man durch Erhitzen schmelzen oder verformen. Nach dem Abkühlen werden sie wieder hart und behalten ihre Form. Metalle sind in der Natur meistens in Gestein eingeschlossen. Diesen Rohstoff nennen wir Erz. Wichtige Metalle sind Eisen, Kupfer, Zinn, Blei, Gold, Silber und Aluminium.
das Mittelalter	Mittelalter nennen wir die Zeit zwischen Altertum und Neuzeit. Das war vor ungefähr 1500 bis 500 Jahren. Es war die Zeit der Ritter und Burgen.
die Neuzeit	Die Zeit vom Mittelalter bis zur Gegenwart nennen wir Neuzeit. Sie begann vor ungefähr 500 Jahren.
der Nomade, die Nomaden	Menschen, die auf der Suche nach Nahrung umherziehen, nennen wir Nomaden.
der Planet, die Planeten	Ein Planet ist ein Himmelskörper, der um einen Stern kreist. Die Planeten unseres Sonnensystems heißen Merkur, Venus, Erde, Mars, Jupiter, Saturn, Uranus und Neptun.
die Politik	Politik ist auch ein Schulfach. Es beschäftigt sich damit, wie das Zusammenleben der Menschen im Alltag oder auch in Staaten geregelt ist.
die Quelle, die Quellen	Alles, wodurch wir etwas über die Vergangenheit erfahren können, nennen wir Quelle.
die Sachquelle, die Sachquellen	Alle Dinge, die aus der Vergangenheit übrig geblieben sind und durch die wir etwas über die Vergangenheit erfahren können, sind Sachquellen.
das Schrägluftbild, die Schrägluftbilder	Ein Foto, das aus einem Flugzeug gemacht wurde und die Dinge zeigt, die sich vor, neben oder hinter dem Flugzeug befanden, nennen wir Schrägluftbild.

die Schriftquelle, die Schriftquellen	Alte Bücher oder Briefe, in denen etwas über das Leben der damaligen Menschen geschrieben steht, nennen wir Schriftquellen.
die Schülerzeitung, die Schülerzeitungen	In einer Schülerzeitung informieren sich Schülerinnen und Schüler einer Schule gegenseitig über interessante oder wichtige Themen.
das Senkrechtluftbild, die Senkrechtluftbilder	Ein Foto, das aus einem Flugzeug gemacht wurde und die Dinge zeigt, die genau unter dem Flugzeug waren, nennen wir Senkrechtluftbild.
die Sonne, die Sonnen	Die Sonne ist der Fixstern unseres Planetensystems. Sie gibt uns Licht und Wärme.
das Sonnensystem, die Sonnensysteme	Die Sonne wird von einer Reihe von Planeten umkreist. Das nennt man Sonnensystem. Ein anderes Wort dafür ist auch Planetensystem.
der Stadtplan, die Stadtpläne	Einen Plan, der die Verkehrswege und wichtigsten Gebäude einer Stadt zeigt, nennen wir Stadtplan.
die Steinzeit	Steinzeit nennen wir die Zeit, aus der vor allen Dinge Werkzeuge und Waffen aus Stein erhalten geblieben sind. Sie endete in Deutschland vor ungefähr 4000 Jahren.
der Stern, die Sterne	Ein Stern ist ein großer leuchtender Himmelskörper. Unsere Sonne ist ein Stern.
die Straßenkarte, die Straßenkarten	Eine Karte, die die Verkehrsstraßen und Orte einer Gegend zeigt, nennen wir Straßenkarte.
das Symbol, die Symbole	Ein Symbol ist ein Zeichen mit einer festgelegten Bedeutung. Man kann es nur verstehen, wenn man es einmal erklärt bekommen hat.

die Urgroßeltern	Die Urgroßeltern sind die Eltern der Großeltern. Man nennt sie Urgroßvater und Urgroßmutter.
der Urmensch, die Urmenschen	Urmenschen nennen wir die ersten Menschen, sie lebten vor etwa 4 Millionen Jahren.
die Urzeit	Die Zeit, zu der es noch keine Menschen gab, nennen wir Urzeit. Damals lebten zum Beispiel die Dinosaurier. Das ist viele Millionen Jahre her.
der Viehzüchter, die Viehzüchter	Viehzüchter halten Tiere und sorgen dafür, dass diese Tiere viele Jungtiere bekommen.
die Vogelperspektive	Vogelperspektive nennen wir die Ansicht auf eine Sache von oben.
die Vorgeschichte	Vorgeschichte nennen wir die Zeit der frühen Menschen, die noch keine Schrift kannten. Das ist etwa 5000 Jahre her.
die Wanderkarte, die Wanderkarten	Eine Karte, die die Wanderwege, landschaftlichen Besonderheiten, Verkehrswege sowie Gasthäuser und Parkplätze einer bestimmten Gegend zeigt, nennen wir Wanderkarte.
das Weltall	Alle Planeten, Sterne, Galaxien und den Weltraum zusammengenommen nennen wir Weltall. Das Weltall ist unendlich groß. Andere Worte für Weltall sind Universum oder Kosmos.
der Zeitzeuge, die Zeitzeugen	Menschen, die über vergangene Zeiten aus eigener Erinnerung berichten können, nennen wir Zeitzeugen.

Lösungshinweise Klick!

Geschichte Erdkunde Politik 5

Seite 4/5

Alle Arbeitsaufträge: offene Lösung
Die Arbeitsaufträge sollten Gelegenheit zu intensiven Unterrichtsgesprächen geben. Teilweise wird die Lösung erst aus diesen Gesprächen hervorgehen.

Seite 6/7

Arbeitsauftrag 1: Die Bilder sind auf Zustimmung zum oberen Bild ausgelegt.
Arbeitsauftrag 2: Lösungsbeispiele im Heft.
Arbeitsauftrag 3: Lösungsbeispiele im Heft.
Besonders bei Arbeitsauftrag 2 und 3 wird die Lösung erst aus Gesprächen hervorgehen.

Seite 8/9

alle Arbeitsaufträge: Lösung entsprechend Klassensituation.
Beim Interview können Zeilen frei bleiben, wenn keine passende Lösung einfällt.

Seite 10/11

alle Arbeitsaufträge: Lösung entsprechend persönlicher Situation.
Beim Fragebogen können Zeilen frei bleiben, wenn keine passende Lösung einfällt.
Beim Freundschaftsbrief soll der Inhalt gegebenenfalls vertraulich bleiben dürfen.

Seite 12/13

Arbeitsauftrag 1: mündliche Reproduktion

Seite 14/15

Lösungen im Heft

Seite 16/17

Arbeitsaufträge 1–3: offene Lösung
Arbeitsauftrag 4: Lösungen im Heft

Seite 18/19

Arbeitsaufträge 1 bis 3: offene Lösung
Arbeitsauftrag 4: Der Eingang ist auf dem Foto halb von einem Baum verdeckt.
Auf dem Grundriss ist der Eingang am unteren Rand beim Treppensymbol.
Arbeitsauftrag 5: Lösung im Heft
Arbeitsauftrag 6: offene Lösung

Seite 20/21

Arbeitsauftrag 1: Lösungsbeispiel:
„Auf dem Foto sehe ich die Schule mit dem Schulhof von vorne und schräg von der Seite. Ich erkenne Fenster und Türen an dieser Seite. Die Schule hat Erdgeschoss, erste Etage und Dachgeschoss. Auf dem Schulhof laufen Kinder herum."
Arbeitsauftrag 2: Lösungsbeispiel:
„Auf dem Schrägluftbild sehe ich die Schule schräg von oben. Ich sehe die Dachform."
Arbeitsauftrag 3: Lösungsbeispiel:
„Ich kann den Eingang, Fassade und Dach besser erkennen. Ich kann hinter der Schule einen Rasenplatz erkennen."
Arbeitsauftrag 4: Lösungsbeispiel:
„Auf dem Senkrechtluftbild sehe ich nur noch das Dach der Schule und die Fläche des Schulhofs sowie den Rasenplatz hinter der Schule. In einiger Entfernung erkenne ich eine Sprunggrube, eine Bahn für Wettläufe, den Parkplatz und die Dächer anderer Gebäude."

Geschichte Erdkunde Politik 5

Arbeitsauftrag 5: Lösungsbeispiel: „Ich kann den Gebäudeumriss besser erkennen. Ich kann die Fassade nicht mehr erkennen."

Arbeitsauftrag 6: rot = Gebäudedächer, grün = Rasen- und Gartenflächen, grau = Straßen, Parkplatz, Schulhof

Arbeitsauftrag 7: Auf dem Plan gibt es ein Baum-Symbol. Es steht in unterschiedlichen Größen, dort, wo auf dem Luftbild ein Baum zu erkennen ist. Die Größe des Symbols entspricht ungefähr der Größe des Baums.

Seite 22/23

Arbeitsaufträge 1 und 2: Lösungen im Heft. Die Zählung der Kästchen darf auch diagonal erfolgen.

Seite 24/25

Arbeitsaufträge 1 bis 3: offene Lösung

Seite 26/27

Lösungen im Heft

Seite 28/29

Arbeitsauftrag 1: offene Lösung
Arbeitsauftrag 2 und 3: Lösungen im Heft

Seite 30/31

Arbeitsauftrag 1: Lösung im Heft. (Die eingetragenen Lösungen beziehen sich auf das Jahr 2007. Für jedes Folgejahr ist ein Jahr hinzu zu addieren.)
Arbeitsauftrag 2 und 3: offene Lösung

Seite 32/33

offene Lösung

Seite 34/35

Arbeitsauftrag 1: mündliche Reproduktion
Arbeitsaufträge 2: Lösungen im Heft
Arbeitsaufträge 3 und 4: offene Lösung

Seite 36/37

Arbeitsaufträge 1 bis 3: Lösungen im Heft
Arbeitsauftrag 4: offene Lösung

Seite 38/39

Arbeitsauftrag 1: Lösungsbeispiel: „Ich sehe einen Mann mit Bart, der merkwürdige Kleidung trägt. Besonders der Umhang sieht ungewöhnlich aus. Der Mann ist mit Pfeilen und Bogen bewaffnet. Er trägt ein Beil in der Hand." (Weitere Details gehen aus der Beschriftung des Bildes hervor.)
Arbeitsauftrag 2: Lösung im Heft
Arbeitsauftrag 3: offene Lösung, folgende Problemfelder können angesprochen werden: Beschaffung der Ausrüstung, Leben in der Natur, Nahrungsbeschaffung, Konflikte, soziales Umfeld

Seite 40/41

Arbeitsauftrag 1: Die Bilder zeigen die Entwicklung vom Affen zum Menschen.
Arbeitsauftrag 2: Die Schlüsselwörter bezeichnen wichtige Merkmale der Entwicklung zum Menschen.
Arbeitsauftrag 3: Lösung im Heft

Geschichte Erdkunde Politik 5

Seite 42/43

Arbeitsauftrag 1: Die Menschen kämpfen gegen einen Bär. Sie sind mit Holzstöcken bewaffnet. Ein Mann schwingt eine Fackel, ein anderer liegt verletzt am Boden. Hinten sieht man zwei junge Bären.
Die Menschen sammeln im Wald Beeren und Pilze.
Die Menschen haben ein Lager aus Hütten oder Zelten errichtet. Es brennt ein Feuer. Ein Mann bearbeitet einen Speer, eine Frau kümmert sich um einen Säugling. Andere Personen bearbeiten eine Tierhaut.
Arbeitsaufträge 2 bis 5: Lösungen im Heft

Seite 44/45

offene Lösung

Seite 46/47

Arbeitsauftrag 1: Die Menschen bearbeiten den Acker. Zwei Personen ziehen den Pflug. Eine Person führt den Pflug. Ein Mann trägt ein Schaf. Es sind mehrere Schafe zu sehen, ein Hund und Rinder. Im Hintergrund steht ein Haus.
Die Menschen bauen ein Haus. Sie tragen Holz herbei und errichten ein Gerüst. Sie füllen die Zwischenräume mit Flechtwerk und Lehmverputz.
Arbeitsauftrag 2: Die Schlüsselwörter bezeichnen wichtige Merkmale des Lebens in der Jungsteinzeit.
Arbeitsaufträge 3 bis 6: Lösung im Heft
Arbeitsauftrag 7: mündliche Zusammenfassung

Seite 48/49

Arbeitsauftrag 1: Mann am Schmelzofen, Gießen des flüssigen Metalls in die Formen, Goldbecher, eiserne Werkstücke (verbogen)
Arbeitsauftrag 2: Es geht um die Nutzung von Metall.
Arbeitsauftrag 3: Die Schlüsselwörter bezeichnen wichtige Begriffe im Zusammenhang der Metallproduktion.
Arbeitsauftrag 4: offene Lösung
Arbeitsaufträge 5 bis 7: Lösung im Heft

Seite 50/51

Arbeitsauftrag 1 bis 3: Lösung im Heft
Arbeitsauftrag 4: offene Lösung

Seite 52/53

Arbeitsauftrag 1: offene Lösung
Arbeitsauftrag 2: Lösung im Heft
Arbeitsauftrag 3: offene Lösung

Seite 54/55

Arbeitsauftrag 1: offene Lösung
Arbeitsauftrag 2: Lösung im Heft

Seite 56/57

Arbeitsauftrag 1: Lösungsbeispiel:
„Ich erkenne die Umrisse von Europa, das Mittelmeer und Nordafrika. Teile des Bildes sind von Wolken verdeckt. Der runde Horizont weist auf die Kugelgestalt der Erde hin."
Arbeitsaufträge 2 bis 4: Lösung im Heft

Geschichte Erdkunde Politik 5

Seite 58/59

offene Lösung

Seite 60/61

Arbeitsauftrag 1 bis 4: Lösung im Heft
Arbeitsauftrag 5: offene Lösung

Seite 62/63

Arbeitsaufträge 1 und 2: Lösung entsprechend Klassensituation

Seite 64/65

offene Lösung

Seite 66/67

Arbeitsauftrag 1: Lösungsbeispiel: „Ich sehe einen Mann mit dunkler Hautfarbe. Er trägt ein deutsches Nationaltrikot. Es ist Gerald Asamoah."
Arbeitsauftrag 2: Es geht um die Frage, wann man ein Ausländer ist.
Arbeitsauftrag 3: Die Schlüsselwörter bezeichnen wichtige Begriffe zum Leben von Gerald Asamoah.
Arbeitsauftrag 4: offene Lösung
Arbeitsauftrag 5: Lösung im Heft
Arbeitsauftrag 6 und 7: Lösung entsprechend Klassensituation
Arbeitsauftrag 8: Lösung im Heft

Seite 68/69

Arbeitsauftrag 1 und 2: Lösung im Heft
Arbeitsauftrag 3: Lösung entsprechend Klassensituation

Seite 70/71

Arbeitsauftrag 1 und 2: Lösung im Heft
Arbeitsauftrag 3: Sprechübung
Arbeitsauftrag 4: Lösung im Heft
Arbeitsauftrag 5: Lösung entsprechend Klassensituation